AF404517

RAPORT

FAIT PAR LES MUNICIPALITÉS

DE MOESLAINS, VALCOURT,

ÉCLARON, LOUVEMONT ET HOIRICOURT,

DISTRICT DE ST.-DIZIER,

DÉPARTEMENT DE LA HAUTE-MARNE.

A SAINT-DIZIER

Chez F O U R N I E R Imprimeur du District
1791.

NOUS soussignés, Maires, Procureur-Sindic, Officiers Muni-
cipaux, Marchands de bois, Maîtres Brêleurs et Mariniers de
Moëlains, Valcourt et Hoiricourt et de la Noüe faubourg de
Saint-Dizier, déclarons, que de tems immémorial le lit de la
rivière de Marne sur nos ports, étoit barré par plusieurs chaî-
nes de rochers adhérants les uns aux autres, de manière que ni
nos ancêtres, ni nous n'avions jamais pu ni casser ni enlever
ces écueils; que ces rochers nous ont constament occasionnés
des dépenses considérables, puisque tous les dimanches et fêtes
pendant l'été, les Maîtres Mariniers, étoient obligés d'achéter
des forges audessus de St.-Dizier, des flots de cinquante écus,
et de deux cents livres, pour pouvoir passer sur ces bancs de
rochers ; que souvent, ou par la médiocrité du flot, ou pour
n'avoir pû saisir à propos son passage, ou parceque les différens particuliers empressés de passer avec leurs brèles et bateaux
sans égard pour celui qui avoit achêté la soufflée d'eau, entremê-
lant leurs trains, se trouvoient embarassés et arrêtés au passage
des rochers entre Moëlains et Hoiricourt, d'où il résultoit né-
cessairement des dégradations d'ouvrages et de marchandises,
des dépenses pour employer les bœufs et les quinots, des retards
toujours au moins de huit jours, pour attendre un nouveau flot,
pour réparer les trains, et les mettre de nouveau en état de
marche, de manière que tous ces accidens qui n'ont eu lieu que
trop fréquemment, ont souvent mis à contribution, tout le pro-
fit qu'on auroit pû espérer de son travail ; déclarons aussi
qu'ayant reconnu, que ni le grand nombre de quinots ou cabestans,
ni les forces réunies de quantité de bœufs, n'étant jamais venu
à bout d'émouvoir une seule de ces roches opposées au passage
des brèles et des bateaux, il ne nous seroit sûrement plus venu
en idée dans la suite de faire de nouvelles tentatives, ayant re-
gardé l'enlèvement de ces rochers comme une entreprise audessus
des forces humaines, lorsque le 25 juin présente année 1791.
Monsieur l'abbé de Mandres Curé de Donneley Département
de Nancy célèbre Mécanicien parut avec une nouvelle machine
qu'il venoit de faire construire à St.-Dizier de son invention et
d'une force extraordinaire, la quelle devoit être envoyée à Paris
et servir au curage des sables et graviers.

Monsieur l'abbé De Mandres voulu faire une expérience au
lieu dit le Puit Royau audessous de St.-Dizier pour avec les

quatre culiers, faire le curage ; mais ayant reconnu que le fond du lit de la rivière étoit du tuf et des rochers, et n'ayant pas voulu s'exposer à fracturer au moins ses culiers, il se détermina à l'instant à l'arrachage d'un rocher du poid de plus de trente mille livres qui s'est cassé près de la montagne, à côté du lit de la rivière, du quel rocher la surface étoit usée par les secousses des trains de bois de marines, et de planches que souvent il fracturoit.

Les membres du Directoire de St.-Dizier témoins de ce succès et dévoués au bien public, ayant dit à ce respectable Viellard, qu'il rendroit au commerce, un service inapprétiable, s'il pouvoit enlever les rochers de quatre à cinq bancs, qui sur l'espace d'une lieue, barroient la rivière en différents en droits, et qui causoient des pertes immenses aux Marchands, et voituriers par eau, par les retards qu'occasionnoient ces rochers lors du passage si périlleux, d'ailleurs, que souvent il y avoit eu des bateaux blessés, ou coulés à fond dans ces endroits, et s'il pouvoit faire ouvrir des perthuis assez larges et assez profonds pour le passage libre de leurs plus gros trains de bois de marine. Monsieur l'abbé de Mandres disposé à faire les plus grands sacrifices pour sa patrie, leur a répondu que son monvement étoit capable d'opérer ces coups de force, qu'il employeroit même ses bateaux et cordages volontier et sans rétribution, ainsi que lui et les gens de sa suite ; mais que cela exigeroit une monture particulière, des griffes, d'autres agrets et un certain nombre d'hommes, qu'il ne seroit pas naturel de laisser à sa charge, Messieurs du District les ayant pris à la leur, et tout étant disposé, Monsieur l'abbé de Mandres s'est rendu avec son équipage sur nos ports, éloignés d'une lieue de St.-Dizier ; et le 14 juillet après avoir dit la messe à ses ouvriers et assisté à notre cérémonie du renouvellement du pacte fédératif, il s'est disposé à l'arrachage du rocher le plus périlleux et le plus nuisible à notre navigation, appellé, les roches de Moëlains, entre ce village et celui d'Hoiricourt, sous le quel rocher on a, à peine introduit la griffe, cela fait, Monsieur l'abbé de Mandres a manœuvré seul sur son mouvement et pour nous faire connoître combien peu les manœuvres en étoient pénibles, il a invité un des spectateurs à venir manœuvrer avec lui ; François Hayer Procureur-Sindic de Moëlains et Maître Marinier, y est monté et après quelques balencemens, à notre grand étonnement, nous avons vû souffler le rocher, mais notre surprise a été plus grande, lorsqu'un instant après, nous avons vû la branche de la griffe de trois pouces quarrés tirant verticalement se casser, sans qu'il y eut de lacune ou faille dans le fer ; et cet accident nous a fait juger de la puissance d'un homme manœuvrant sur ce mouvement ; effectivement l'opération ayant été remise au lendemain, parceque la nuit approchoit ; Monsieur l'abbé de Mandres seul a arraché ce rocher ; et étant descendu du mouvement, il a invité de noûvean un de nous à y monter, Monsieur le Gros curé d'Hoiricourt et Procureur-Sindic de cette Municipalité y étant monté, a eu la satisfaction de continuer seul et sans peine l'enlèvement de ce rocher du poid de 25 à 30 mille.

Les 16, 17, 18 et 19 suivans, cette opération s'est continuée au même port de Moëlains, dont le Perthuis nous paroissoit suffisament libre étant ouvert de 25 pieds au moins de l'argeur et d'une profondeur suffisante en tout tems, au moyen de la fracture, de l'arrachage et enlevement des Rochers de tout poids, de puis celui de 20,000 jus qu'à celui de 40 à 50 mille pour les quels huit Cabestrans ont été employés à les tirer à bord après les avoir placés sur le traineau, tandis que M. l'abbé de Mandres seul, avoit pu les casser en moins de deux minutes pour chacun, à compter du moment que la griffe avoit prise, et que les cordages étoient tendus, n'ayant fait monter de tems à autre sur le mouvement, aucune personne avec lui, que pour faire connoître au public, que ces opérations merveilleuses, se faisoient sans gêne.

Toutes ces opérations ont été écxécutées en présence d'un nombre infini de personnes de tous les environs, qui sont accourus pour être témoins de la force de ce mouvement, et de l'utilité de ce travail pour le bien public ; notâment des Sieurs Huet Maire du Bourg d'Eclaron, de Pierre Nicolas Chantourelle, Procureur de la Commune dudit Eclaron Marchand de Bois, Gabriel Varnier, Marchand de Bois, Administrateur du Département de la Haute-Marne et Electeur aussi dudit Eclaron, et de beaucoup d'autres ; des sieurs Louis François le Blanc propriétaire des forges du Chatelier et le Buisson proche la ville de Wassy et Electeur, Jean Férand Commissionaire de bois et fers, demeurant à Moëlains.

La journée du 20 a été employée à remonter la machine au lieu dit le Martelot finages de Valcourt et Hoiricourt barré entièrement par un banc de rocher large d'un bord de la rivière à l'autre et si inhérent sur toute sa longeur, largeur et hauteur que, le 21, Monsieur l'abbé de Mandres ayant tenté inutilement dy faire introduire á grands coups de masse seulement, la pointe d'une grife, il a été obligé d'employer des pinces aciérées pour l'entamer, en quoi il a réussi si parfaitement que, quoique la nature du rocher ne lui ait pas permis d'enlever des blots au dessus de dix mille, le 25 le passage a été formé en entier; les opérations d'arrachage par un seul homme avoient été si multipliées, que le dit jour 25 juillet, Messieurs du District de St.-Dizier, s'étant rendus sur les lieux ont trouvés ce rocher ouvert vis-à-vis le fil de l'eau formant un perthuis en pente douce large de 30 pieds sur la longueur de plus de 40, ce qui fait aujourd'hui un passage aussi commode et aussi assuré pour la navigation, qu'il étoit ci-devant difficile et périlleux.

Le 26 pendant que l'on remontoit la machine lieudit le port au vin toujours finage d'Hoiricourt et Valcourt, où la rivière étoit traversée aussi par différens bancs de rochers, Monsieur de Mandres a employé une partie des hommes qui le servoient dans ses manœuvres, à former à côté du perthuis dit ci dessus une digue longue de 80 pieds, la quelle en resserrant les eaux en augmente considérablement le volume non seulement sur l'espace du perthuis, mais aussi à une grande distance audessus où il y a des graviers soutenus par des pointes de rochers, qui par cette précautiont, ne nuiront plus à la navigation au moyen de deux pièces de bois de 17 à 18 pouces d'écarissage, longues entre elles de 80 pieds, incrustées sur la surface des rochers, ou elles sont fixées avec des arcs-boutans de fer qui saillisent audessus de ces pièces, envéloppées, couvertes; chargées de toute part par les rochers arrachés et par des graviers qui y ont été portés, ce qui donnera à cette digue toute la solidité et toute la durée possible, les quelles pièces de bois ont été fournies gratuitement et pour le bien public par Monsieur Auger et société et par Monsieur des Champs le Blanc Marchand de bois à Saint-Dizier.

Le 27 M.M. les Administrateurs du District de St.-Dizier s'étant rendus audit port-au-vin, Monsieur Dolaincourt leur président, à l'invitation de Mr. l'abbé de Mandres, est monté sur le mouvement et après quelques vibrations faites sans la moindre gêne, il a eu la satisfaction d'arracher et de soulever de plus d'un pied, un rocher de grès le plus dur, faisant deux cents cinquante pieds cubes ; puisque tous compensé, il est long et large de dix pieds, épais de deux et demi ; l'arrachage de ce corps a sans contredit demandé un effort de plus de cinquante mille, parcequ'il a dû être de beaucoup supérieur à celui de son poids et cequi le prouve incontestablement, c'est que la griffe de fer de trois pouces quarrés qui le tenoit, a cassé sans qu'elle eut plus de lacune, que deux qui se sont cassées quoi, qu'agissant verticalement aussi pour l'arrachage d'autres rochers.

Les 28 et 29 la même opération s'est continuée audit port-au vin finage d'Hoiricourt et Valcourt, où il a été arraché et enlevé 26 rochers de différens poids très-nuisibles à la navigation; la quelle opération faite a formé un lit qui a détruit tous les obstacles qui subsistoient de tems immémorial.

· Après cette opération, il s'est découvert depuis le port-au-vin en descendant jusqu'au passage au banc de rochers des Martelots, différens rochers au nombre de douze que l'on a été obligé d'arracher et enlever, les 30 et 31 juillet et 1er. août pour la facilité de la navigation.

· Il à été observé par les Marchands de Bois, et les Maitres Mariniers, qu'il existoit en core au dessous des Martelots vis-à-vis Valcourt differens Rochers très nuisibles à la navigation ; en conséquence le 2 août M. l'abbé de Mandres à fait descendre sa Machine, et après que les Griffes ont été présentées sous differens rochers, il n'en à pu être enlevé aucun que par parties, attendu que ces rochers, ne sont composés que de gros sable, qui ne pouvoit souffrir aucun éffort, et le restant de ces rochers, ont été enlevés en suite au moyen d'un batard-d'eau pour faciliter un passage libre à la Navigation.

· Ces rochers formant deux bancs traversant la rivière de Marne et à une certaine distance l'un de l'autre, ont forcé M. l'abbé de Mandres de descendre son mouvement de l'un à l'autre, et attendu les eaux extraordinairement basses, et le poids de la Machine sur un bateau plat, il à été obligé d'emmpoyer son mouvement pour se poser au dessous du second banc de roches, et l'effort à été si considérable que ce bateau est descendu à dix pouces affranchis audessous de sa jauge ordinaire, et par ces effort tout l'assemblage et la Machine a faillit de renverser et M. l'abbé de Mandres qui étoit au haut de la Machine pour en diriger le travail avec plusieurs hommes ont faillit périr, si la charpente de cette Machine n'eut été secourue par deux arcs boutans ; le Bateau plat s'est ouvert de plusieurs fractures dans le fond, dont l'une excédoit la longueur de six pieds, ce qui à rempli d'eau le Bateau-plat, et à occasionné à M. l'abbé de Mandres un domage considérable, tant par le radoublage du bateau, que par la souffrance énorme des cordages à lui appartenant, et qui dans toutes les opérations étoient les seuls capables d'être employés.

Ces opérations ont occupé tous les ouvriers pendant toute la journée du 2 août.

Le dit jour 2 août, il a encore été observé à Monsieur l'abbé de Mandres, par les Marchands et Maîtres Mariniers des paroisses de Moëlains Valcourt et Hoiricourt et par ceux du fauxbourg de la Noüe, qu'il s'étoit découvert aux bancs de roches, dudit Moëlains au bas des précédentes, plusieurs rochers dans le lit de la rivière, qui surement occasionneroient des pertes considérables aux bateaux et brêles qui de toute nécessité sont obligés de passer dessus, et l'ont prié de vouloir encore bien faire descendre son mouvement pour les tirer hors de l'eau, Mr. l'abbé de Mandres accoutumé à faire le bien public y a acquiescé; et le 3 août dès les 5 heures du matin, il a fait descendre avec 24 bœufs et avec beaucoup de peines, faute d'eau, tout son équipage; et là, le dit jour 3 et les 4, 5 et 6, il a encore été enlevé 12 ou 15, roches dont plusieurs excédoient le poids de 50,000, et qui après l'arrachage n'ont pu être tirées sur les bords qu'avec huit et neuf quinots ou cabestans par plus de trente hommes.

Il résulte d'après toutes ces opérations, que tous ces différens endroits désignés au présent, qui étoient tous très-nuisibles à la navigation et qui occasionnoient des retards et des dépenses immenses aux Marchands et aux Maîtres Mariniers, sont maintenant en bon état et très-faciles; que c'est de la part de Mr. l'abbé de Mandres le plus grand service qu'un bon patriote ait pu rendre à la Nation. Service d'autant plus apprétiable pour la Nation et le service de la marine nationale, que les ports dudit Saint-Dizier, Moëlains, Valcourt et Hoiricourt sont les plus forts dépots de bois de construction pour la marine nationale et marchands de la France, et qu'ils fournissent une très-grande partie des bois de charpente et sciage pour la Capitale; que c'est aussi sur ces mêmes ports que se construisent une infinité de bateaux sur lesquels se chargent tous les fers en barres et fonte de toutes les forges du Département de la Haute-Marne et de la ci-devant

Province de Lorraine où le dépôt se fait sur les dits ports, la rivière de Marne n'étant pas navigable au dessus d'Iceux ; services qui ne peuvent être récompensés qne par une Nation entière envers Mr. l'abbé de Mandres ou par ses augustes représentans.

Pour le bien de toute la France entière, il ne seroit pas du-tout difficile de faire communiquer à la marne des eaux de la rivière de Saone, en pratiquant un canal au moyen de ce mouvement, à la force du quel nul rocher ne pourroit résister, à prendre de la rivière de Saone pour se rendre dans ladite rivière de marne à sa source au-dessus de Langre, canal d'autant plus utile qu'il donneroit une communication d'une extrémité de la France à l'autre, ce qui seroit très-avantageux pour tirer les bois propres pour le service de la marine, d'un pays où on est obligé de les abandonner à cause de l'éloignement des rivières navigables.

Le double de l'original du présent sera annexé au registre de la Municipalité de Moëlains, et copie d'i-celui aux registres de celles de Valcourt et Hoiricourt.

FAIT & arrêté audit Moëlains ce huit août mil sept cent quatre vingt onze. *Signe* Meniffier. Halier Procureur de la Commune. Didron Officier Municipal. Lallement Maire. Lemineur. François Marle. Jacques Chilot. Jean-Baptifte Macquart Notable. J.B.Pillerel Curé de Moëlain & de Valcourt. J. Ferant Commiffionnaire de bois & fers, J. B. Foiffey. Jofeph Millois. J.B. Perein. Nicolas Claude Penehout Md. P. Guerin. Hayer. P. Qarteur. F. Hincelin. J. Gayot. Haras Chirrugien. N. Gayot Officier Municipal. C, V. L. Neuville. C. Gayot. Perot Maire. Legros Curé Procureur de la Commune. C. Malefieux. Chantourelle Md. de Bois. Halotel. Le Mineur. Huet Maire. Varnier Adminiftrateur du Département. P. Gerardin le jeune. F. Molandre. F. Gerardin. L. Bourlier Maire à Valcourt. C. Vanel of. Municipal. Boulland. M. Déchamps. C. Hunaut. Beaujard Greffier. P. Gerardin. J. B. Menuifier. J.B. Payemal of. Municipal. Jacquot of. Municipal. N. Curé Greffier. N. Damme. Claude Choppin. J. Jofeph Robert Godard. Hocquet Potelot. P. Godard J. A. Briffet Décluit. Décluit le jeune. Touffaint Perein. Godard Oudard. Guyard. Godard Beury. Guyard de la Lain. Robert Déchamps. Déchamps Prignet. Robert Potelot. E. Déchamps. Michel Auger. Rolot. J. B. Connois. Jofeph Maugery. D. Viciot Collinet Electeur du Canton de la Neuville près Waffy. Déchamps le Roi Société d'Auger l'ainé.

LES Administrateurs du Directoire du District de St.-Dizier, convaincus des retards considérables et des pertes ruineuses que le commerce de cette ville et des environs éprouvoit de puis long-tems par l'exiſtance de pluſieurs bancs de rochers qui traverſoient la rivière de marne en divers endroits depuis St.-Dizier juſqu'à Moëſlains et qui en obſervant dans les eaux baſſes le cour de la navigation, rendoient, pour ainſi dire nul dans une grande partie de l'année, l'avantage inaprétiable que la nature avoit offert à cette belle contrée, ils s'occupoient à chercher des moyens de tracer un chemin plus facile au commerce, ſoit en briſant, ſoit en enlevant une grande partie de ces rochers, et c'eſt dans ces vues qu'ils avoient ſollicité et obtenu de MM. les Administrateurs du Département de la Haute-Marne, des ſecours ſur les fonds deſtinés aux travaux de charité pour être employés à cet important travail, ils alloient faire faire différens eſſais pour procurer, ſinon la disparution totale de ces obſtacles périlleux, au moins les diminuer le plus qu'il ſeroit poſſible, lorſqu'ils ont été instruits que Mr. de Mandres, curé de Donneley, Département de la Meurthe, faiſoit conſtruire une machine au moyen de la quelle, et à l'aide d'un balancier, il ſe propoſoit de faire mouvoir des culiers pouvant contenir trente pieds cubes de vaſe, pour le curage des canaux, ports de mer et rivière. Cette machine extraordinaire par ſa conſtruction attira l'attention de tout le canton, Mr. l'Abbé de Mandres l'annonça au Directoire du Diſtrict de St.-Dizier, comme devant produire des coups de force extraordinaire, et dit qu'il pouvoit enlever les corps les plus péſans et ſoulever des maſſes énorme par le mouvement régulier d'un ſeul homme ; et en effet ſa machine qu'il dénomme cric éliptique étant entièrement construite, il la fit placer près d'un rocher, qui, de tems immémorial existoit dans la rivière de marne, au lieu dit le paſquie de Prinvaux, la traverſoit en partie dans l'endroit le plus néceſſaire à la navigation qu'il génoit conſidérablement, et ayant fait attacher ce rocher par de fortes cordes et de gros cables, il fit mouvoir ſon balancier qui, par des leviers éliptiques mit en mouvement un arbre horiſontal qui, tournant ſur de forts tourillons, parvint au bout de puelques heures à ébranler ce rocher qui bientôt fut ſéparé du banc principal qui étoit engagé ſous une des berges de la rivière, de la hauteur de quinze à dix-huit pieds, et préſenta à tous les ſpectateurs étonnés , une furface de dix à onze pieds de long, fur une largeur de sept pieds et une épaiſſeur de deux pieds et demi à trois pieds. Bientôt et toujours par le mouvement de ce même balancier et des mêmes leviers éliptiques, cette maſſe énorme fut foulevée à une hauteur aſſez conſidérable pour donner à un batiment plat de la construction du même sr. de Mandres et qu'il nomme *Marie Salope* , la facilité d'être introduit par deſſous et de recevoir ce rocher qui pouvoit être arbitre du poids de vingt-cinq à trente mille ; mais l'éffort qu'il avoit exigé pour l'ébranler et le rompre enfin dans la partie la plus épaiſſe, pouvoit être calculée au double au moins de ſon poids, et le tout avoit été exécuté en peu de tems par trois ou quatre perſonnes qui par leur poids et des efforts avoient fait mouvoir le balancier.

D'après cette première tentative, Mr. de Mandres propoſa, et toujours par les mêmes procédés, quelques modifications près, aux Administrateurs du Directoire de frayer à travers les bancs de rochers, un chemin facile à la navigation ſoit en enlevant ceux qui l'obſtruoient, ſoit en les faiſant briſer, ſi leur ſtructure ne donnoit aucune priſe aux crochets nouveaux dont il donna le dessein. Ces derniers intimement perſuadés des forçes étonnantes du cric de Mr. de Mandres et déſirant répondre aux vues de bienfaiſance de l'administration ſupérieure, acceptèrent l'offre qui leur étoit fait et propoſant à Mr. de Mandres de viſiter exactement les rochers qui, dans le cours d'une lieue, environ depuis St.-Dizier juſqu'au deſſus du Vilage de Moëſlain, en deſcendant la Riviére, portent le plus grand préjudice au Commerce par les dépenſes extraordinaires qu'ils occaſionnoient aux maitres mariniers & aux Marchands qui, preſque tous les huit jours étoient obligés d'acheter à grand fraits des Forges & Moulins conſtruits audeſſus de St.-Dizier, les Eaux ramaſſées dans leurs Biefs pour pouvoir à force de Bœufs faire franchir ces Eceuils par leur trains de Bois & leurs Bateaux.

M. de Mandres ayant viſité exactement les differens bancs de Rochers , s'étant aſuré par lui même de la poſſibilité de la réuſite & déſirant généreuſement de contribuer autant qu'il étoit en lui à la mélioration du commerce de la marine, vint offrir gratuitément les mouvements, les cordages & les bateaux pour l'extirpation des éceuils qui de puis des ſiècles coutoient tant de peines, de ſoins, de tems & d'argent aux négociants du canton & de la Capitale, il obſervera qu'il jugeoit les Rochers de Moëlains, d'après son examen de voir préfenter des prifes fufifantes aux crochets qu'il étoit néceffaire de faire faire ; que ces crochets une fois attachés il ne craignoit aucune réfiftance ; que ceux au deffus de Moëlain & au deffous du Village de Valcourt qui pouvoient gêner le paf-fage feroient auffi facilement enlevés ; que le banc audeffus du Vil-lage de Valcourt, au lieu dit les Marthelots , & qui traverfoit la rivière dans tout fon entier , préfentoit plus de difficulté, parcequ'il étoit tel, qu'il n'offroit que peu ou point du tout de prife aux crochets, mais qu'il fauroit s'en faire au moyen des pinces.

Qu'il exiftoit encore un autre banc au lieu dit le Port au vin, dont les obftacles feroient bientôt vaincus par la force extraordinaire de fon mouvement Éliptique ; que les eaux étant très-baffes il ne pouvoit defcendre le Ponton fur lequel étoit établi cette machine , mais qu'une de fes *Maries-Salopes* feroit le même fervice en y éta-bliffant une Charpente fuffifante & proportionnée aux efforts de fon Cric auquel il devoit adapter un levier qui multipliroit à l'infi-ni les forces contre lefquels aucun obftacle ne pouvoit refifter ; qu'il feroit néceffaire de lui donner des manœuvres en nombre fuf-fifant pour enlever loin du lit de la rivière les rochers qu'il au-roit arrachés , & qu'á l'aide de ces manœuvres & des crochets qu'il demandoit, il promettoit de rendre la rivière navigable ; que ces crochets devoient avoir une longueur telle qu'ils puiffent s'at-tacher aux rochers & avoir au moins trois pouces quarrés ; qu'il arbitroit la dépenfe tant pour la charpente à conftruire , que pour les crochets, boulons & main d'œuvres à environ trois mille livres, & que par tout autre procédé la dépenfe feroit plufque quadru-plée , fans produire le même réfultat.

D'aprés cet expofé , les Adminiftrateurs confidérans l'utilité que le commerce du Département de la Haute-Marne , dont tous les fers & bois se rendent fur le port de Saint-Dizier , ou fur ceux audef-fous, pourroit retirer d'une opération auffi importante, intime-ment convaincus de la force éxtraordinaire du cric éliptique de l'invention de Mr. de Mandres et plein de confiance dans son zèle, son activité et fes connoiffances, l'invitèrent à faire fes difpofitions et à fe préparer à frayer au milieu des différentes couches de rochers, un libre court à la navigation. Mr. de Man-dres n'avoit pas befoin d'être excité, fon zèle pour le bien pu-blic déja connu , le fit preffer le plus qu'il put les préparatifs, et en peu de tems un de fes bateaux plats armés du cric éliptique formidable fe préfente pour attaquer l'écueil depuis fi long-tems la terreur des maîtres mariniers au deffous de Moëlains, lieudit les roches de Moëlains, le crochet fut attaché à une de ces roches et adapté au levier, après quelques vibrations un rocher énorme fut foulevé, le poids d'une feule perfonne fuffit pour cet effort, et le foir même un traineau tiré par fix cabeftans, amena loin du vrai lit de la rivière ce rocher énorme. Le lendemain au matin, un fecond céda encore à la force irréfiftible de cette machine : en peu de jours dix rochers enlevés laiffèrent â la navigation un paffage de vingt cinq pieds de large, donnant douze pouces d'eau, où précédemment à peine y en avoit-il trois ou quatre au plus. Cette opération a été faite en préfence des Municipalités des paroiffes de Moëlains, Valcourt et Hoiricourt, de tous les Maîtres Mariniers de ces trois paroiffes, de tous les habitans et des Négotians des environs, qui ont tous été étonné d'une puiffance auffi confidérable produite par auffi peu d'efforts.

Cette première opération terminée à Moëlains, Mr. de Mandres fit remonter fon bateau au banc de rochers qui traverfe la marne dans toute fa largeur, au lieu dit les Martelots, un peu au deffus de Valcourt. Cette digue n'étoit pas comme celle de Moëlains pofée par lit, adhérante dans toute fa largeur et dans une longueur de plus de quarante pieds, elle n'offroit aucun endroit par où les crochets puiffent être attachés, mais bientôt à force de bras, il fut fait des ouvertures, et le crochet placé, la machine fut mife en mouvement. Le grain de ce rocher n'étoit pas auffi ferme que celui de Moëlains, fon adhérance d'aileurs ne permettoit pas d'enlever des maffes auffi confidérables. La longueur de ce rocher et le peu d'eau ne laiffoit par approcher le bateau auffi près qu'on l'eut dufiré ; il fallut avifer à d'autres moyens, bientôt un nouveau levier ajonté au premier fe prolongeant dans tous les fens, facilita le déblai total de cette digue qui préfénte aujourd'hui un paffage uni et égal dans fon fond, offrant dans les eaux les plus baffes, huit à dix pouces d'eau dans une largeur de trente pieds en forme de perthuis doux et commode. Mr. de Mandres eut defiré pouvoir creufer ce paffage encore plus bas, mais la couche du rocher ne préfentant aucun endroit où les crochets puiffent être placés, cette opération eut de beaucoup augmenté la dépenfe fans une grande utilité, puifque ce paffage donnoit affez d'eau pour les trains ; il fut jugé inutile de s'opiniatrer à le faire plus profond ; feulement comme les

pointes inégales du furplus du rocher laiffé des deux côtés du nouveau paffage, laiffoient des intervalles par où s'échappoit beaucoup d'eau, les rochers extirpés ont été jettés dans ces intervalles
et il a été donné par M.M. Auger et fociété et Defchamps le
Blanc, deux grands morceaux de dix-fept pouces quarrés, au
moyen defquels il a été formé un batard d'eau, depuis le bord
du nouveau chemin tracé jufqu'à la rive de la rivière au midi,
fur une largeur de près de quatre-vingt pieds; les deux pièces
de bois fortement attachées au rocher par de gros crochets de
fer et fcellées en avant par un gazonnage folide, ne laiffent point
perdre les eaux et les rejettent toutes dans le nouveau perthuis,
et ne préfentent pour les grandes eaux, aucun inconvénient pour
le paffage des trains de bois et des bateaux.

De cette feconde opération, Mr. de Mandres a fait remonter
fon bateau à quelques cent toifes plus haut, au lieu dit le port-
au-vin, où en quatre jours au plus il a ouvert un paffage de
trente pieds de largeur en arrachant et enlevant des maffes de
rochers d'un poids confidérable. Lors de cette opération, le Directoire s'y eft rendu pour être témoin de la manœuvre, et Mr.
de Mandres ayant fait attacher un crochet, a invité M. Charlema-
gne Dolaincourt, Vice-Préfident, à monter fur le balancier et
à le mettre en mouvement, après quelques vibrations, ce rocher
large de dix pieds, fur une pareille longueur, et une épaiffeur
de deux pieds, a été foulevé d'un pied, malgré qu'il étoit fortement engagé dans la grève dont il étoit recouvert en partie:
une des branches du double crochet qui le tenoit, s'étant caffée
par la puiffance de la machine et la nuit approchant il fallut in-
terrompre cette opération. Le lendemain elle fut continuée, et
cette maffe effrayante fut enlevée avec toutes celles qui pouvoient
apporter quelques obftacles à la navigation.

Les chemins tracés dans ces divers bancs de rochers ayant
néceffairement furbaiffé le niveau de l'eau, il fe découvrit encore
depuis le port-au-vin jufqu'aux martelots differens rochers, ainfi
qu'au paffage ouvert à Moëlains. Mr. de Mandres les fit attaquer fucceffivement et ils furent dans les jours fuivans enlevés
avec la même facilité. Les eaux extrêmement baffes ne permet-
toient pas une marche libre au bateau porteur de la machine,
on fut néceffité de la traîner fur la grève à force de bœufs,
et quoiqu'il y en ait une grande quantité roulant fur un fond ar-
mé de pointes de rochers, il y fut arrêté et les efforts que faifoit

ces animaux étant infufifans Mr. de Mandres fut obligé d'employer fon mouvement pour dégager le bateau en attachant les crochets à un banc ferme qui étoit au deffous, l'effort fut fi confidérable que le bateau prit dix pouces d'eau audeffus de fa jauge
ordinaire et s'ouvrit dans le fond à deux endroits différens. L'af-
femblage de la charpente de fa machine perdit tout fon aplomb
et toute fa folidité, et s'il n'y eut été apporté un prompt fe-
cours, Mr. de Mandres et différens ouvriers qui faifoient mouvoir
le balancier auroient couru le plus grand rifque, mais en peu
de tems le dommage fut réparé et la machine remife en état
d'enlever encore dix à douze roches d'un poids énorme et qui
étoient recouvertes en partie de gravier.

Les Adminiftrateurs témoins occulaires d'une partie des opérations de Mr. de Mandres, ne peuvent précifement rendre compté
des efforts dont cette machine eft fufceptible ni calculer toute la
puiffance, mais á juger par les maffes énormes qn'un feul homme a enlevé, ils peuvent affurer que les rochers les plus gros
et qui n'ont pû encore être foulevé par la force humaine né
pourroient réfifter aux efforts que feroient plufieurs perfonnes
employans le balancier éliptique, qu'à l'aide de cette machine
il feroit facile de tracer des canaux dans les montagnes où les
rochers font les plus gros, et qu'il feroit à défirer pour le bien
du commerce de toute la France qu'à l'aide de cette machine
ont pût tracer un canal qui communiquant de la Saone à la marne fupérieure, donneroit à cette dernière rivière fans appauvrir
la première, une quantité d'eau fuffifante dans tous les tems,
pour le tranfport des marchandifes d'une extrémité de la France
à l'autre; tranfport qui ne peut fe faire maintenant que par terre
et à très grands frais. Le bien que retireroit le commerce d'un
établiffement fi avantageux feroit fans doute plufque fuffifant pour
dédomager de la dépenfe indifpenfable qu'il entraineroit.

Les Adminiftrateurs du Directoire du Diftrict de St.-Dizier,
efpèrent que les Légiflateurs convaincus de l'utilité de ce travail
voudront bien le prendre en férieufe confidération.

Fait au Directoire du Diftrict Saint-Dizier, le huit août
1791.

Signé Férand. C. Dovaincourt. Defoncourt. J. B. Briolat
fils. C. Warnier, Sécrétaire.

EXTRAIT du Règistre des Délibérations du Directoire du Département de la Haute-Marne.

Du 18 Aoust 1791. Séance du soir.

A L'ouverture de cette séance, le Procureur-Général-Sindic a dit qu'il recevoit à l'instant une lettre du Procureur-Sindic du District de St.-Dizier, par la quelle il lui annoncoit que l'abbé de Mandres, auteur d'une machine, appellée *cric éliptique*, dont l'essai venoit d'être fait, avec le plus grand succès, dans différens endroits de la rivière de marne, où des rochers énormes qui en obstruoient le lit et en gênoient la navigation, ont été arrachés à l'aide de cette machine, se rendoit à Chaumont pour rendre compte de cet essai à l'administration supérieure et mettre sous ses yeux divers plans de construction de sa machine. Le Procureur-Général-Sindic a ajouté que l'abbé de Mandres étoit arrivé et demandoit à être introduit.

Le Directoire a arrêté que Mr. l'abbé de Mandres seroit sur le champ introduit, et là acceuilli avec empressement.

Il a déposé sur le bureau les plans de la machine dont il s'agit, et plusieurs exemplaires d'un imprimé ayant pour titre : *rapport fait par les Municipalités de Moëlains, Valcourt, Eclaron, Louvemont et Hoiricourt, District de St.-Dizier, Département de la Haute-Marne.* Le Directoire s'est fait donner lecture de cet imprimé: il résulte de ces procès verbaux que l'abbé de Mandres vient, par le secours de son *Cric éliptique*, de vaincre les obstacles que la nature avoit mis à la navigation de la rivière de marne dans une partie du District de St.-Dizier par les rochers dont elle avoit parsemé son lit, obstacles contre lesquels le commerce avoit inutilement lutté jusqu'à présent et qui paroissoient devoir être éternels: il en résulte que la machine de Mr. l'abbé de Mandres n'exige que les forces ordinaires d'un homme pour produire les effets les plus surprenans et que son usage peut s'appliquer, avec succès, à tous les grands travaux dans lesquels la nature oppose aux entreprises humaines la résistance de la masse et du poids.

L'abbé de Mandres a expliqué avec clarté et précision la construction de son cric éliptique, la combinaison de ses mouvemens, et la manière dont se multiplient, dans son jeu, la puissance et la vitesse par la distribution ingénieuse des leviers.

Le Directoire pénétré de l'importance et de l'utilité de cette machine applaudissant, avec reconnoissance à son auteur et lui rendant l'hommage que la liberté et le patriotisme doivent à l'homme qui consacre de grands talens aux progrès des arts, au service et à l'utilité de son pays.

A ARRETÉ, après avoir entendu le Procureur-Général-Sindic, 1er. que les plans que l'abbé de Mandres lui a présenté de sa machine ; seront déposé dans les archives de l'administration.

2°. qu'il sera adressé à chacun des 82 autres Départemens du Royaume, un exemplaire de l'imprimé contenant les procès verbaux où sont détaillés les résultats que l'abbé de Mandres a obtenu par l'essai qu'il vient de faire sur la rivière de Marne dans le District de St.-Dizier.

3°. qu'un exemplaire en sera pareillement adressé aux Députés du Département à l'Assemblée Nationale avec expédition du présent procès verbal ;

4°. qu'il en sera aussi adressé un exemplaire à l'Assemblée Nationale et une expédition de ce procès verbal avec prière de prendre dans la plus sérieuse considération l'importance et l'utilité de la machine de l'abbé de Mandres et d'accorder à cet habile mécanicien les encouragemens et la protection spéciale que mérite de la part d'une Nation éclairée celui qui fait un aussi utile emploi de ses connoissances et de ses talens.

Pour expédition conforme au registre à la quelle est apposé le cachet dudit Département.

Signé E. Larcher, Vice-Président. Mariotte Sécrétaire Général.